L'ÉTAT DE GUERRE

DANS

LA SOCIÉTÉ.

« Sitôt que les hommes sont en société, l'égalité qui était entre eux cesse, et l'état de guerre commence.

« Les particuliers viennent à sentir leur force. Ils cherchent à tourner en leur faveur les principaux avantages de la société ; ce qui fait entre eux un état de guerre.» (*Esprit des Lois*, Liv. I, ch. 3.)

PARIS,

A. PIHAN DE LA FOREST, IMPRIMEUR,

RUE DES NOYERS, N° 37.

—

1833.

« Voilà donc que la France future, dépassant la France présente, n'aura plus à discerner le juste de l'injuste, et le vrai du faux ; ni même à connaître si l'un et l'autre ont l'existence, ont quelque différence.

« N'aura plus dans l'ordre religieux, dont le principe trace en tête la ligne de démarcation entre l'homme et la brute, aucune attention à porter, aucune notion à saisir.

« N'aura plus dans l'ordre social, la moindre part en l'expérience de ce qui fut, en la conscience de ce qui est, en la prescience de ce qui sera.

« Enfin, n'aura plus dans l'ordre intellectuel, l'exercice des facultés de l'examen, de l'analyse, du jugement, causes génératrices de la raison humaine. » (*Du Dénouement de la crise* : décembre 1829.)

Jamais sinistre horoscope, s'est-il aussi pleinement réalisé?

A travers la tourmente, jugement et sentiment ont coulé à fond : il n'apparaît sur l'abîme, qu'insanité, qu'insensibilité.

Manque de sens, manque d'ame, sont les traits caractéristiques : dénotant l'impuissance de rien sentir hors de soi, de bien agir, même pour soi.

C'est comme le pays indigène du mensonge, ou plutôt du songe : car encore on se trompe, plutôt qu'on ne trompe.

C'est comme le sol natif du vent, du vain son : où s'ébat à plaisir, à loisir, la parole ; que ne devance point la pensée, que dément bientôt la conduite.

Nul sens n'est tiré des ressouvenirs ; nul prix n'est attaché aux événemens.

Funeste ou propice, le cours des choses n'a d'autre effet, que de fournir pâture au cerveau, à la langue.

Or, où va-t-on ainsi ?

Il est un homme, il n'est qu'un homme, toujours lui-même, toujours le même.

Car il lui faut enfin parler de sa personne, pour se donner du poids, s'il y a moyen, pour écarter les soupçons, s'il y avait lieu.

Dès 1790, fort jeune et très riche, néanmoins l'ame s'émeut.

Depuis 1793, dépouillé aux neuf dixièmes de sa fortune et chargé d'années au triple, toutefois ne vieillit ni ne s'appauvrit l'ame. (1)

Lors de 1830, perdant pour ses petits-fils, les plus belles chances d'existence, toutefois ne varie ni ne dévie la plume.

Certes, à passer intact à travers tant de cruelles épreuves, un tel caractère se distingue entre tous, et commande le respect, invite la foi.

Certes, si la vérité daigne se communiquer par parcelles

---

(1) Le 17 juillet 1793, par un décret *ab irato*, sans rapport et sans discussion, au mépris des contrats passés, au détriment des rapports futurs, cinquante mille livres de rente sont ravies.

Et alors que l'indemnité vient en question, la délicatesse empêche de mettre en avant, en concurrence, des droits d'un ordre encore plus sacré ; tandis que la cupidité ne rougit pas de s'approprier la totalité du sacrifice national.

Et alors que la propriété investie de l'omnipotence, non sans bonnes raisons, tremble devant les menaces de l'avenir, l'idée n'arrive pas de réparer la brèche la plus majeure qui ait été faite à ses remparts.

aux habitans du sombre globe , un tel organe est le plus digne de la transmettre.

Le récit d'une feuille honorable , autorise , ce semble , à énoncer ces choses, à titre de simple fait.

(*Le Semeur*, 2 octobre 1833.) « On doit de la reconnaissance aux écrivains consciencieux, qui se tenant à distance des luttes politiques, et ne demandant d'autre privilége que celui de faire servir leurs méditations , à l'avantage commun , s'occupent avec persévérance, des intérêts matériels des populations..........

« N'écrivant ni par intérêt, ni par vaine gloire, l'auteur n'a pas eu besoin de voir ses amis au pouvoir, pour se sentir pressé de publier ses convictions ; et il n'a pas non plus trouvé que leur retraite ou leur chute fût un motif de quelque valeur pour cesser de servir sa patrie....

« Il est convaincu que, dans l'ordre économique comme dans l'ordre politique, la société humaine passe de révolutions en révolutions : c'est à constater ces révolutions, à enregistrer leurs leçons, à prévoir les révolutions futures, que ses veilles sont consacrées......

« Il nous faut de ces hommes-là pour faire contre-poids à la pente naturelle de la nation.....Quel besoin n'avons-nous pas, dans toutes les branches, d'hommes de cabinet qui préparent à l'avance les esprits au mouvement social, afin que lorsqu'il se manifestera à la façon d'un débordement, il trouve un lit déja frayé. »

Du reste, le journalisme garde le silence.

Il n'est prières, instances, bassesses peut-être, car rien ne coûte en vue du bien, qui obtiennent, soit des louanges ou des critiques aussi convoitées les unes que les autres, soit quelques citations, quelque mention seulement qui appelle l'attention publique.

A la différence *du Semeur*, vraiment feuille de conscience, dans les bureaux de chaque journal, en tant que la peine soit prise de tourner les feuillets, on se fait, au sujet de l'auteur, cette demande qui reste sans réponse : QU'EST-CE QU'IL EST ?

Et la pensée ne vient pas qu'il y ait lieu, qu'il y ait moyen d'en rien dire : cela étant trop clair, qu'il n'est ni des amis, ni des ennemis, qu'il est à lui et non à autre, *qu'il est ce qu'il est.*

Que cet homme ait tort ou raison, peu importe ; alors que cela ne peut ni servir à son propre parti, ni nuire au parti adverse.

De plus, cet homme, avec une témérité sans pareille, n'a-t-il pas pris son vol au-dessus de la sphère étroite de tous les partis, et ne les juge-t-il pas d'un tel point de vue, qu'ils se montrent dans toute leur petitesse ?

Même, autant qu'on peut deviner, il oserait appeler leurs adhérens respectifs à s'échapper des ténébreuses voies qui de droite et de gauche mènent à l'abîme final, pour les ramener sur la grand'route du bien commun.

Qu'il soit donc anathème ?

Sur ce point, parmi tous les partis voués à s'injurier de tout temps, à s'exterminer au premier jour, règne l'unanimité la plus touchante.

Quel contraste entre 1790 et 1833 ! Justement comme entre le patriotisme et l'égoïsme, entre la ferveur et la froideur, entre la loyauté et la fausseté.

Dans les plus minces occasions, aussi bien que dans les plus hautes occurrences, se manifeste le caractère tranché de l'un et de l'autre siècle.

En 1790, au lieu de nombreuses brochures, publiées coup sur coup et distribuées de porte en porte, il n'était apparu qu'un écrit, encore plus pénible de style, encore moins exact de méthode, et toujours neuf de pensées, vrai en jugemens, étranger aux partis.

Mais le bon esprit se tenait en quête de la vérité, se hâtait de la saisir au passage.

C'est le *Moniteur* même, alors libre et puissant, qui, parmi une foule d'écrits politiques, en démêle, en distingue un, peut-être à la simple lecture de cette première phrase de l'avant-propos :

« Une âme simple et rongée de douleur, traînant après elle une plume sèche et obscure, vient ouvrir péniblement la route du bien à tous les intérêts exaltés, irrités. »

(*Moniteur*, 27 mai 1790.) « L'épigraphe est : *Indulgence et union*. L'auteur s'adresse tour à tour aux amis et aux ennemis de la révolution ; il leur présente ses doutes, qu'il peint et motive avec énergie. Ce ne sont point les vacillations irrésolues d'un esprit faible ; mais plutôt l'hésitation raisonnée d'une tête froide, d'un observateur attentif, qui considère et compare toutes les faces des objets ; d'un philosophe sensible, qui ne peut se résoudre à séparer les principes, des circonstances et des personnes. . . . .

« L'exécution manque d'ordre et le style de clarté ; mais on voit que ces défauts tiennent plus à la précipitation qu'à l'inhabileté. L'auteur sent et pense fortement ; ses réflexions sont frappantes et judicieuses. Pour peu qu'on veuille lui donner quelque attention et supporter l'embarras pénible de certains morceaux, on en sera éclairé et satisfait, à moins qu'on ne soit un esprit outré et livré aux fureurs de parti. . . . .

« L'auteur ne nous est point connu. Il se dit jeune et noble : en le lisant, on s'aperçoit de ces deux petits défauts. Cependant le bon esprit et le talent qui dominent annoncent qu'il s'en corrigera bien facilement. »

Fragmens de l'Écrit de 1790.

Qu'on jette un coup d'œil sur notre situation :
tout ce que la nature a de plus inviolable, en op-
position avec tout ce que la société a consacré ;
le poids d'un principe immuable et imprescrip-
tible, vis-à-vis la masse imposante des méditations et des lois de dix siècles ; la position du
misérable fort de son droit, qu'il exalte jusqu'au
point de la dissolution de la société, contre la légalité rigoureuse dont le puissant prétend couvrir
jusqu'à ses usurpations : et par-dessus tout, l'op-
position des habitudes anciennes et des sensa-
tions nouvelles, l'état variable et le froissement
continu des idées, l'écroulement entier des bases
et de l'échafaudage de l'intelligence, la parole
enfin prostituée à la passion et dominant l'esprit
au lieu de lui obéir.

Certes, il est aussi absurde d'imposer la per-
fection à un État décrépit, que de la lui supposer,
par un respect absolu. Ce serait dissoudre l'association, que de prétendre la rasseoir sur ses bases
primitives ; mais aussi il ne faut pas que la masse
du peuple reste soumise aux infractions de ses
droits naturels.

Comme la société a été souvent assise sur des principes faux, et que ce qu'il y a de plus sacré , justice, religion, mœurs et lois se chargent peu à peu de la rouille des siècles : comme d'un autre côté, la société n'est pas vouée à tendre sans cesse vers la corruption, c'est un devoir de restaurer ces bases vicieuses, d'enlever cette rouille funeste.

. . . .

Peuple français, tu avais souffert , et longuement, et étrangement sans doute : en me rappelant la mémoire de tes douleurs séculaires, je tremblais que ta lente vengeance ne s'assouvît dans l'espace d'un jour.

Qu'on déplore avec moi cette marche durable et progressive de l'oppression exercée dans tous les sens sur le peuple : et je gémirai autant et plus que personne, de ses vengeances, souvent aveugles, souvent remplaçant les maux de l'oppression, par les vices de la licence, souvent faisant succéder à la tyrannie de quelques-uns, la tyrannie encore plus violente du grand nombre.

L'histoire crie que les révolutions se jouent constamment de la masse nationale , et que, sous des dénominations variables et insidieuses, c'est toujours entre quelques classes de citoyens aisés, que se passent les querelles politiques.

Songez-y ; les phases se succèderont sans fin,

jusqu'à l'établissement d'un ordre de choses, qui soit fondé sur la raison, sur les rapports naturels des citoyens, sur la morale pratique et religieuse ; sur la chaîne des habitudes enfantées par l'influence active à la chose publique ; enfin sur le sentiment du bien-être, seul capable d'établir des liens indissolubles.

Que si la révolution ne tend vers ce principe, je nie qu'il y ait du patriotisme, de la liberté ; et je n'ai plus qu'à gémir sur la corruption, sur la ruine de ma patrie.

. . . .

C'est une vaine abstraction que la liberté politique. Elle sera de mode pour un temps : toute semblable à la passion, elle n'aura point de bornes dans ses développemens ; mais comme la passion aussi, sa durée se limitera, en raison de son exagération.

Ici, je ferai ma profession de foi : je suis loin d'être l'apôtre de ce grand mot de la liberté politique : ma seule idole, j'espère, sera toujours l'humanité.

Aisance générale et mœurs pures, liberté et égalité civiles, protection au dehors et sûreté dans l'intérieur : tels sont mes vœux. Si la liberté politique manque à les accomplir, ce n'est plus qu'une chimère, que le hochet de la vanité.

. . . .

Ainsi sent la masse du peuple : la liberté politique lui pèsera bientôt, si elle resserre son ai-

sance ou contrarie ses habitudes ; elle lui sera in-
différente, si les effets réels n'en découlent pas
sur lui.

La liberté politique n'est trop souvent qu'un
portique superbe qui masque de misérables chaumières : certains hommes oisifs ne dépassent jamais le portique et ne songent pas dans leur en-
thousiasme, si le reste de l'édifice y répond.
D'autres, et c'est le grand nombre, traînent une
vie pénible au fond des chaumières : courbés
sous le travail, ils ignorent l'œuvre merveilleuse
qui les entoure.

Cependant l'ennemi vient et écrase sous les
ruines du portique, ces hommes oisifs, sans que
leurs voisins s'en aperçoivent ou s'y intéressent.

« L'État doit à tous les citoyens une subsistance assurée, la nourriture, un vêtement con-
venable, et un genre de vie qui ne soit point contraire à la santé. » (*Esprit des Lois*, liv. 23,
ch. 29.)

« Chacun ayant son nécessaire physique, égal,
on ne doit taxer que l'excédant.» (Liv. 13, ch. 7.)

L'homme pauvre n'a besoin de la liberté que
pour s'assurer la subsistance.

L'existence est la fin de l'association ; la liberté
n'est que le mode.

D'où, l'impôt ne doit aucunement se lever sur le
nécessaire réel et égal de chaque individu.

L'impôt doit être uniquement assis sur l'excédant au-delà de ce nécessaire et en progression de son degré.

L'impôt doit laisser exercer dans toute leur latitude, les moyens naturels ou artificiels de chacun.

. . . .

Le pacte social est fondé sur la liberté et la sûreté de chaque membre, d'où provient le droit indéfini de l'emploi de ses moyens, et par suite le droit de propriété de leurs produits; si la société n'a pu restreindre l'usage des facultés, il est évident que le droit de possession acquis par leur exercice, est inviolable.

Mais aussi les institutions morales et civiles doivent tendre à arrêter son extension, toutefois sans oppression individuelle qui attaquerait la liberté, et sans effet rétroactif qui annulerait toute confiance dans l'ordre social.

Les remèdes, ce semble, appropriés aux circonstances, sont de décharger de tout impôt, le nécessaire réel de l'homme, et de charger le superflu dans une progression accroissante.

. . . .

Lorsque chacun avait à peu près et presque également son nécessaire naturel, lorsque l'impôt était limité dans ses emplois, et consacré au bien de tous, il était simple que chacun contribuât proportionnellement à ses moyens.

Mais aujourd'hui que le nécessaire de plusieurs

millions d'hommes est rarement satisfait et que des individus possèdent un revenu centuple de leur nécessaire ; aujourd'hui que l'accroissement énorme de l'impôt tourne presque entièrement à l'avantage politique ou civil de ceux-ci, on ne peut exiger une subvention de la part des premiers.

Sans doute l'abus de la propriété fondé sur l'achat ou le travail doit être respecté : mais aussi l'abus de l'impôt qui en dérive, existe maintenant. L'un doit être balancé par l'autre : l'abus contre la propriété ne doit pas retomber sur ceux-là même, qu'a déja frappé l'abus de la propriété.

Le strict nécessaire n'entre point dans le fonds social, ne rentre point sous la loi sociale.

Parce que l'homme a l'existence, il a une volonté : sa volonté n'aliène pas son existence.

Parce que des hommes vivent et veulent, il y a une société : la société ne peut réagir contre les conditions de la vie, ne peut supposer une volonté tendant à la compromettre.

Le nécessaire réel , égal , constant, n'est point de ces choses qui ont été mises en communauté ; car chacun a le sien, nul n'a plus que le sien.

Il ne se peut qu'il en soit offert une part, en acquit des frais de la société ; d'autant qu'en le laissant entamer, le reste faillirait à soutenir la vie.

L'homme n'a donc point consenti à contribuer aux charges publiques sur le montant du strict nécessaire.

Il y consent encore moins dans un état de choses où le sacrifice est tellement inégal, entre celui qui paie sur son nécessaire et celui qui paie sur son superflu;

Dans cet état où l'impôt est tellement exhorbitant, qu'il dessèche les sources du travail nutritif, et qu'il attaque jusqu'aux dernières chances de l'existence.

Ne parlons pas tant de liberté : le vrai peuple, la population laborieuse, est inepte à la sentir, à en jouir, à se la garantir.

Ne parlons pas tant d'égalité, de souveraineté : les classes aisées et éclairées ne songent qu'à s'en attribuer le monopole.

Parlons moins : faisons ce que nous disons, ou ne disons que ce que nous faisons.

En 1790, le sujet a été envisagé principalement sous le rapport de l'impôt; attendu qu'à cet égard l'opération est à la fois simple et facile , urgente et prompte.

Ici , le pouvoir fait le mal immédiatement ; ailleurs, il le fait indirectement, ou le laisse faire subséquemment.

C'est à peu près même faute en fait d'intérêt, même crime en fait de devoir.

Mais, dans le premier cas, une simple velléité suffit pour accomplir le bien : et dans les autres, une forte et constante volonté est requise , seulement pour alléger le mal.

Il faut élargir, approfondir le sujet.

Il faut établir le but essentiel, la fin suprême de l'association humaine.

La société est faite par et pour l'homme : l'homme n'est fait ni par ni pour la société.

La société est un être d'invention , qui représente la somme des rapports des existences réelles et sensibles.

Chaque existence étant évaluée à zéro, la somme reste zéro ; au lieu qu'étant évaluée à l'unité , la somme devient d'un ordre infiniment grand.

Telle est l'image des deux modes extrêmes : le despotisme d'Asie, la république d'Amérique.

Or, tantôt nulle réserve n'est gardée dans l'emploi de la faculté abstractive; de sorte qu'au creux du cerveau, les existences réelles s'évanouissent, et l'être idéal marque seul.

L'homme en chair et en os, est froidement immolé aux fantômes d'honneur et de gloire.

Tantôt nul frein n'est imposé au cours des passions ambitieuses ; de sorte que les existences sensibles sont sacrifiées à quelques êtres égoïstes.

« Sitôt que les hommes sont en société, l'égalité qui était entre eux cesse, et l'état de guerre commence. » (*Montesquieu.*)

L'état de guerre existe entre les membres de la société :

Ceux-là, d'abord vainqueurs à l'aide de la force ou de la ruse, long-temps vainqueurs à l'abri de la routine et de l'ignorance : sous le règne desquels, suivant la loi des choses, la gravité de l'abus se proportionne à la durée de l'usage.

Ceux-ci, enfin insurgés ou révoltés, comme il plaira d'entendre; et bientôt vainqueurs à force de bras, peu de temps vainqueurs à défaut de tête : sous le coup desquels, selon une loi parallèle, l'intensité des vengeances se proportionne à la somme des torts.

D'où, l'empire revient aux premiers; qui ayant

perdu l'habitude du pouvoir, se comportent en parvenus ; qui gardant mémoire de leur défaite, sont ballottés de la crainte à la colère.

D'où, l'empire est repris par les derniers, qui, forts de mépris, gros de haine, délaissent toute réserve, toute mesure.

Après tant de révolutions qui toujours promettent, qui jamais ne tiennent, le désespoir tournant en un accès de rage, on voit s'ouvrir l'ère de subversion, d'extermination.

Ere formidable, où le passé est mis à néant, où l'avenir surgit du chaos, où les existences suspendues dans le vide se heurtent, se froissent, se brisent.

Il semble d'une immense hécatombe de vies et de fortunes, que commande la vindicte céleste.

Ceux qui avaient, ceux qui étaient, sont perdus corps et biens ; sans que nul recueille l'héritage.

Il y a du mal pour tous : le tort est à quelques-uns.

Tels et tels ont oublié qu'ils n'étaient pas seuls sur la terre, pas seuls de leur espèce, pas seuls à titre égal.

Ils pèchent depuis la première génération ; ils sont frappés jusqu'en la dernière.

Et c'est juste : non pas suivant les règles étroites d'ici-bas, mais suivant les larges vues d'en-haut.

C'est juste.... de la justice de Dieu.

Entre la société et ses membres, il y a état de guerre, ou plutôt état de conquête.

Autrement la société est comme incarnée, comme identifiée en certaine classe ; et cette classe se dit, se fait la société à elle seule :

Jetant de côté, poussant en dehors l'immense population ; en usant et abusant à son profit, à son plaisir ; se donnant de l'or avec ses sueurs, de la gloire avec son sang.

Cependant si la société n'émane pas d'une convention, elle dure par le consentement.

Si un acte positif n'a pas présidé à sa naissance, un acte négatif emporterait sa fin.

Le serf était attaché à la terre, et l'esclave enchaîné à la maison : mais le citoyen n'est pas lié à la cité.

Le droit de se dépayser, de se dénationaliser, ne fut jamais contesté.

C'est par la continuité de résidence, que se manifeste le consentement virtuel, l'assentiment tacite.

La demeure au pays exprime le *consensus populi*.

Pour qu'il n'y ait plus de société, cela manque seulement que la population mise en dehors de l'état, se mette en dehors du pays.

A chaque instant, il lui est licite de dissoudre la société.

2

Or si ce qui lui est licite, ne lui est pas loisible, quelque autre moyen s'offrira pour atteindre à la même fin.

Au lieu de l'émigration, viendra l'insurrection.

Et c'est obligé : non d'après les calculs de la raison et les leçons de l'expérience.

C'est obligé.... de par la force des choses.

Les révolutions portent l'expression cumulée, et de la justice de Dieu, et de la force des choses.

Les révolutions, sinon en droit, du moins par le fait, rentrent dans l'ordre des nécessités sociales; et ne ressortent point des jeux du hasard, comme il semble parfois.

Leur histoire parle, et n'est point entendue.

Encore après un long calme, sous un vieux sceptre, on conçoit que la conscience s'endort, en l'absence de l'événement.

La peine frappe; le crime manque.

Mais on a de quoi s'étonner, que la leçon fréquente et prochaine, n'instruise nullement.

Il faut, ou que l'ivresse du triomphe efface les traces de la leçon, ou que la leçon ne marque pas à travers les vicissitudes de la fortune.

Ne parlons pas des hommes : ils sont subitement lancés de bas en haut, si bien que la tête leur tourne.

Ils font emploi de tels moyens pour parvenir à leurs fins, que nul sentiment moral ne leur reste.

La cause se rencontre surtout dans les choses.

Toute révolution est l'enfant d'une idée.

Et l'idée mère, faible et légère à l'origine, se raidit devant les obstacles, est rivée par le laps du temps, enfin domine, opprime l'intelligence.

Dans se siècle, l'idée mère qui court le monde, c'est, ou la souveraineté du peuple, ou la liberté et l'égalité de l'homme, ou l'honneur et la gloire du pays.

L'une comme l'autre, d'abord abstraite, bientôt absolue : devant qui, rien ne compte, ne pèse.

Comment se distraire de si hautes destinées ? Comment descendre sur la vraie terre et s'abaisser jusqu'à la vie réelle ?

Que le peuple meure ! mais égal et libre, mais souverain, mais glorieux.

C'est un jeu, à la manière de Néron, de laisser mourir, de faire mourir l'homme brut encore.

Et c'est à peine un crime : la vie passant comme à l'insçu ; la mort venant à l'improviste.

Mais le cas est tout autre.

L'état de guerre est dans la société ; les sections sont en présence, en contact.

Autrefois, comme les ténèbres couvraient le sol, il y avait moyen de tromper, de diviser la masse, de l'embaucher en partie, de la dompter et l'asservir par elle-même.

Maintenant, le champ de bataille resplendit de clarté : les armées respectives se comptent en nombre, se mesurent en force. Ni déceptions ne prennent, ni défections ne s'opèrent.

Pour détruire l'ordre ancien, les siècles ont eu à lutter; au lieu que pour renverser l'ordre nouveau, le combat ne dure qu'un instant.

Même, en double raison, de plus en plus la chance devient propice d'un bord et fatale de l'autre.

La masse dite souveraine et faite esclave, mise en mouvement, rendue à la liberté, s'investit d'intelligence.

La classe dite sujette et faite despote, étourdie de la victoire, gâtée par la fortune, tombe dans l'hébêtement.

Il en est entre les nouvelles sections de la société, comme entre les anciennes; toujours l'espèce oppressive baissant, et la race opprimée s'élevant, en fait des facultés intellectuelles.

Tellement que la force morale acquise avec le temps, vient s'unir et s'allier à la force physique, transmise par la nature.

Or à ce point, l'issue est certaine, est prochaine.

Fasse le ciel qu'elle ne soit pas reculée à force d'art : car le torrent, rompant enfin les digues vainement renforcées, d'autant plus furieux, dévasterait, bouleverserait.

L'état de guerre est dans la société, et par suite l'état de conquête, l'état de servitude ; tant que l'insurrection ne répond pas à l'oppression.

Sous les formes quelconques de gouvernement, bien qu'à un degré plus ou moins haut, cela se rencontre.

Et cela se nomme vulgairement, l'état de légalité.

La légalité, la légitimité, qui ne s'accordent que fortuitement, portent des caractères fort distans et même contrastans.

Celle-ci émanant des lois de la nature humaine, essentielles et permanentes ; que rend le sentiment, à défaut de la raison.

Celle-là dérivée des lois de l'ordre social, variables et temporaires ; que la routine soutient, en dépit de la raison.

Généralement la légalité sanctionne l'état de guerre qui met aux prises, les citoyens ; puis l'état de conquête, de servitude, qui tient sous la chaîne, les sujets.

Il faut dire les sujets, attendu qu'en ce siècle si vain, en cette France si fière, telle classe autrement marquée, est assimilée dans la réalité, aux serfs du moyen âge.

Même, c'est chose immanquable, inévitable : sauf que la vertu élève au-dessus des passions, ou que la prudence éclaire sur les périls, ou que l'expérience ait porté la leçon.

Car le suffrage universel tant prôné par la folie et par la fourberie, ne peut amener que l'anarchie dévorante ou le despotisme écrasant.

Par la force des choses, les hommes de loisir, de fortune, de lumière, se trouvent ou se retrouvent bientôt à la tête des affaires publiques.

Et s'ils sont d'ancienne origine, l'orgueil entaché de cupidité ; s'ils sont de nouvelle venue, l'avarice mélangée de vanité, de même glacent le cœur, trompent l'esprit, sur le point de justice, de pitié.

La reconnaissance tacite du droit de guerre, la consécration formelle du fait de conquête : voilà ce qu'exprime la légalité, avec toute la naïveté de l'égoïsme.

La légalité érige le despotisme, sur la servitude.

Encore par le laps du temps, le despotisme se blase et la servitude s'efface.

Au contraire, sous le coup d'une crise nouvelle, le despotisme est d'autant plus rigide, la servitude est d'autant plus pénible.

Car d'un bord, la crise rendue au terme laisse des craintes ; car de l'autre, la crise entendue à l'origine, donnait des espoirs.

Lorsque la crise politique est entamée, est

achevée, sous l'étendard des droits du peuple; d'autant, quoiqu'il semble étrange, la légalité est despotique.

Les porte-étendards de la liberté, ayant exposé leur personne pour sa défense, identifient leur personne avec sa cause.

Les moteurs du mouvement, ayant donné l'impulsion à la masse jusqu'alors inerte, fort innocemment font omission de la masse rentrée au repos, au néant.

Cette abstraction étant opérée, tantôt ils font la société pour eux seuls, réglant tout au profit de leurs intérêts, au caprice de leurs idées.

Tantôt ils se font eux-mêmes la société entière : ne parlant pas, mais agissant à la façon de Louis XIV : L'ÉTAT, C'EST MOI.

De là, viennent en premier lieu, quant aux lois fiscales, la propension à infliger les charges en raison inverse des ressources; et, quant aux lois civiles, la tendance des faveurs pour l'aisance et l'intelligence, l'absence des garanties pour la misère et la faiblesse.

De là, viennent en second lieu, cette rage de gloire et ces scrupules d'honneur, qui font lever des cent mille hommes, qui font payer ici et perdre ailleurs des cent millions.

La guerre sociale est en permanence : d'abord sourde et lente à travers les siècles, et gagnant du terrain peu à peu; puis furieuse et décisive à l'instant, et prenant sa revanche par-delà toute mesure.

Légaliser l'oppression, c'est légitimer l'insurrection : c'est même la nécessiter, car le vice étant dans la loi, le remède est hors la loi.

Aussi, les hommes du jour auront le sort des hommes du temps : ils supplantèrent; ils seront supplantés.

L'assentiment qui les élevait, les soutenait au faîte, en se retirant soudainement, les jette à terre, les brise en éclats.

Les hommes du temps avaient leurs ennemis naturels : les hommes du jour auront de plus, leurs auxiliaires pour adversaires.

Seulement l'époque, le mode restent inconnus.

Probablement, le coup sera subit de même, ne sera pas violent de même.

L'arbre est frêle et plie à tout vent : mais l'arbre n'a pas de racine ; et un coup d'épaule le pousse à bas ; et à peine quelque bruit suit sa chute.

Le mode est doux : les suites sont affreuses.

Hommes du jour, ou vous vous trompiez sur votre puissance, ou vous trompiez dans vos promesses.

L'effet est pareil : la méprise n'est pas pardonnée, parce que le mécompte ne pardonne pas.

Les haines chargées de vengeance montent au *maximum.*

...Et le pouvoir ne rentre pas, ou ne tient pas aux mains des hommes du temps, pour vous protéger.

Même l'autorité quelconque, n'a point à s'ériger, à se fonder sur cette poussière de débris, sous cette tempête de crises.

Rien que l'excès met un terme aux excès.

Vous périssez coupables ; nous périssons innocens. Après vous, avec nous, tout périt.

Les partis sont en guerre : la masse reste en servitude. Tel est le sommaire de l'histoire.

Pour les partis, il y a là veille, le jour, le lendemain.

Pour la masse, le temps ne se meut pas.

Les partis se battent entr'eux, tour à tour vainqueurs et vaincus.

La masse se bat aussi ; et met sa vie à leur service, et donne la victoire, et reçoit son congé.

Les partis se battent, non pas dans la vue de se libérer d'une chaîne légère pour eux ; mais bien à l'effet d'enlever, d'empoigner la chaîne si lourde, si rude dont est chargée la masse (1).

---

(1) Sur trente-deux millions de Français, il en est trente-un, qui préfèrent le repos à tout prix, qui donnent leurs enfans et leur or à tous les gouvernemens. Quel est en France le monde politique, la portion militante ? Un million d'individus, légitimistes, républicains, constitutionnels, qui s'entrechoquent, se débattent et disposent de l'État. Tout le reste est une masse inerte, passive. Elle aime la liberté ; mais elle la laisse abattre par un despote : elle aime l'ordre ; mais elle se laisse dominer par l'anarchie. (*Discours de M. Viennet*, 2 mars 1833.)

Masse leurrée, trahie, qui se fait fête un jour ; et soudain se dégrise, à voir qu'en outre des frais de sang pendant la lutte, son bilan est débité en manque d'emplois, est crédité en charge d'écus et d'enfans.

En exemple, vient la révolution de 1830.

Que de pertes, que de périls, que de peurs, lesquelles marquent aussi.

A peine faut-il parler des avances du trésor, dont l'intérêt seul passe au compte des peuples.

Mais que dire des millions, des milliards avortés, par le vide du travail des bras mis sous les armes, par le défaut de travail des bras laissés en paix ?

Que dire, sauf que l'honneur semble balancer le mal, des millions en grand nombre aussi, rognés sur l'aliment et le vêtement de la famille : pour dépense d'habits, pour perte de journées, à raison de la garde nationale ?

En retour, en revanche, qu'est-ce donc ?

Autres maîtres ; pareils maîtres : les uns à bas, les autres en haut.

Du reste, rien qui vienne à souhait, à plaisir, à profit.

Pour les partis, il y a les vicissitudes de la guerre ; pour la masse, ce n'est que le changement de servitude.

Or, la servitude à un titre nouveau, n'a plus le

prestige; la servitude en un nouveau mode, n'a plus la routine.

En vain la légalité marchant à tâtons dans les ténèbres, s'essaie à sanctifier le titre, à sanctionner le mode (1).

La légalité précédente était caduque; la légalité actuelle est imberbe.

Au lieu de greffer le jeune rameau sur la vieille souche, la souche a été arrachée, et le rameau se dessèche.

Il n'y a plus à préconiser le droit, alors que le droit, long-temps prôné, a été baffoué.

Il n'y a plus à fonder *à priori*, alors que le sol politique a été remué à fond, a été bouleversé.

Ce n'est pas du droit mort à jamais, que peut dériver le fait; c'est, au contraire, du fait toujours vivant, que doit ressortir le droit.

L'idéal, le sentimental, en quelque genre que ce soit, cède la place au réel, au matériel.

De même, royauté, patrie, ces mots, long-temps travestis, souvent pollués, résonnent encore sur la langue, ne retentissent plus dans le cœur.

La foi éteinte chez les prédicateurs, ne s'inocule pas parmi les auditeurs.

______

(1) Les institutions, quelles qu'elles soient, ne s'improvisent point. *On ne fait pas plus de roi légitime, qu'un peuple libre....* Le germe du droit se souille et s'altère sous la main des passions : il faut que le temps s'en saisisse, le dégage, et fasse sortir le droit brillant et pur, de cet alliage grossier. (M. Guizot , *Gazette* du 3 octobre.)

Que le pouvoir aille donc au fait.

Qu'il augmente la somme sociale du bien-être, et la dispense entre les masses, en fractions de plus en plus égales.

Qu'il protége la part de bien-être allouée à chacun, contre l'esprit ravisseur.

Qu'il se garde de sacrifier les existences réelles et sensibles, à l'être abstrait de l'Etat.

Ainsi tout pouvoir se fonde : autrement, nul pouvoir ne dure.

« Le dogme de la souveraineté, les principes d'égalité, de liberté, émanent de la loi essentielle, aboutissent à la fin capitale.

« Cette loi, cette fin, sont rendues en un seul mot : *l'humanité.*

« Loi divine, fin sacrée! que les lâches cœurs, les esprits débiles, méconnaissent et méprisent de tout temps.

« Aussi les révolutions se succèdent vainement, soudainement.

« Comme elles se passent à la surface, et ne pénètrent point jusqu'au fond de la société, le vent les pousse l'une sur l'autre.

« Aucune n'est durable, parce qu'aucune n'est légitime.

« Or, le moment est venu d'aborder, de sonder le point le plus délicat.

« Le droit a sa légitimité, dont l'ineffable prix tient à ce qu'elle est avérée, incontestée.

« C'est la légitimité native.

« La légitimité acquise existe aussi.

« Le fait a sa légitimité, dont la valeur inférieure tient à ce qu'elle est équivoque, incertaine.

« Le droit a sa légitimité toute faite; le fait a sa légitimité à faire.

« Une pareille fin étant imposée; en y manquant,

il se peut que celle-là se perde ; en l'accomplissant, il se peut que celle-ci se fonde.

« La même loi d'humanité prédomine. Du premier bord, le devoir commande plus que le besoin ; du second bord, le besoin oblige plus que le devoir. » (*La Loi des circonstances :* 185o.)

Voilà qui est trop profond, trop large, pour les esprits étroits et superficiels.

Voilà qui sera pris en horreur, par les têtes ambitieuses et vindicatives.

Le ciel en soit béni : la vérité a pour signe certain, d'être repoussée par l'une et l'autre espèce.

Au lieu de jeter le ridicule ou le blâme après coup, ces gens avaient mieux à se repentir, à se corriger à temps.

N'est-ce pas par leur faute, par leur crime plutôt, que la plus bénigne dynastie a été attirée, entraînée sur les voies de perdition.

Ne voyant et n'entendant qu'eux, obsédés et circonvenus par eux, la dynastie s'est fourvoyée.

La dynastie a méconnu que les faveurs envers ceux qui ne méritent pas, emportent les rigueurs contre ceux qui méritent.

Bien que si facile à préserver, à conserver, elle a été perdue par eux, elle s'est perdue pour eux.

Maintenant, autre règne légal, autre régime politique.

Or, que les martyrs d'hier ne soient pas les

victimes d'aujourd'hui ; que les innocens ne paient pas pour les coupables.

N'importe à cet égard, d'où vienne, où aille le pouvoir existant.

Il existe, c'est tout : seul, il peut et il doit ; reste à lui faire vouloir.

Mais nul ne veut que ce qui duit, ce qui sert.

Ici donc, sans réserve, sans scrupule, il y a à lui dire que chacun, quel qu'il soit, comme il a le devoir, a le droit d'être juste.

Et que l'usage de ce droit spécial, en plénitude, avec persévérance, donne enfin le droit, généralement parlant, jusqu'alors en suspens, en attente.

Droit et devoir partent du même point, arrivent à la même fin.

Droit et devoir rendent seulement les deux faces de la médaille.

Il n'y a qu'un droit, comme il n'y a qu'un devoir : et c'est d'être juste.

Quant au devoir, rien n'est à dire : quant au droit, tout est à dire au contraire.

Chacun a le droit d'être juste : aucun n'a le droit d'être injuste.

Axiomes corrélatifs : l'un point entendu ; l'autre pas appliqué.

D'après le dernier, est jugé l'acte générateur d'insurrection : lequel est légitime ou illicite, suivant qu'il en dérive ou en dévie.

D'après le second, sont jugés les actes engen-
drés par l'insurrection ; lesquels, tantôt valident
l'acte illicite, et tantôt invalident l'acte légitime.

De-là, surgit cette pensée trop hardie, à l'idée
de quelques-uns :

Le droit n'est que la forme : le fait est le fond.

Et la forme ne répare pas le fond vicieux : le
fond restaure la forme vicieuse.

Il faut le dire, car rien n'est à céler devant les
chances formidables de la fatalité : les actes en-
gendrés réagissent sur l'acte générateur.

L'autorité mal acquise se rédime en agissant
bien : le bon emploi couvre le mauvais moyen.

Quel qu'on soit, le droit peut venir ; tandis que
le droit ne doit pas tenir, quoi qu'on fasse.

En un mot, quiconque a le droit d'être juste ;
et d'être juste, fait le droit de quiconque.

En tout cas, on a le droit d'être juste : en certain cas, on a le besoin d'être juste.

Chez le pouvoir actuel, le droit et le besoin
coïncident.

Quand nul autre pouvoir n'aurait de chances à
durer, il ne s'ensuit pas que lui-même ait la certi-
tude de demeurer.

Ce serait que l'autorité est usée jusqu'à la
corde ; prête à manquer sous sa main, aussi bien
que sous une autre.

Un tel obstacle est commun à tous les pouvoirs.

Il s'agit de sonder à fond l'état présent des choses.

Un célèbre publiciste (*M. Bergasse*) écrivait, il y a douze ou quinze ans : Qu'est - ce que je vois ! un ministère qui est tout , et une nation qui n'est rien : un trône en l'air sur deux chambres en l'air : au-dessous, *une multitude inquiète.*

C'était vrai alors : c'est plus vrai à présent.

Un second juillet est capable de venir en preuve.

Tout tient comme tout tenait ; parce qu'il n'y a rien à mettre en place.

Même la nouveauté n'a que de l'attrait ; au lieu que l'ancienneté a du poids.

De plus, deux puissances dominent le pouvoir, et menacent de le perdre , en se perdant.

La presse , le jury, instrumens jadis inconnus, à la fois l'appuient et l'ébranlent.

Il ne peut durer sans eux , sauf à se rendre maître : il ne peut durer avec eux , même en se rendant valet.

Or tel est le jury, que nul écrivain ne peut deviner s'il encourt ou n'encourt pas la peine.

Telle est la presse , que nul lecteur ne peut se résoudre à croire ceci ou cela , partant à rien croire.

L'un et l'autre accomplissent leur mission, justement à rebours.

On y tient en idée; on s'en lasse à l'effet Enfin éclatera l'unanime *tolle :*

L'abus tue l'usage.

Naissant des ruines, existant entre les ruines :
le pouvoir ne vivra qu'en prenant sa vie en lui-
même.

Qu'il se fasse militaire ou populaire : pas d'autres chances.

Quant à l'un, c'est facile en ce sens, que l'esprit public est à l'agonie, et que les intérêts aspi-
rent au calme plat, et que les souvenirs s'agitent
au moindre souffle.

C'est difficile sous ce rapport, qu'un parti est
voué aux entreprises désespérées, et que l'armée
ne se donne qu'à la gloire ; et que le pouvoir s'est
saisi de la personne, plutôt que la personne n'a
ravi le pouvoir.

Puis, le succès ne se promet qu'au péril de la
vie, ne se maintient qu'à l'aide du caractère.

Quant à l'autre, il suffit de vouloir par soi-
même, de ne pas vouloir pour les autres.

Un trône en l'air ; au-dessous, une multitude
inquiète : voilà des paroles à se rappeler.

Il faut que la multitude rentre au repos, et que
sur le sol rassis, le trône s'implante.

Il faut que cette nuée interposée entre le trône
et la multitude, soit chassée, repoussée.

Au loin, les cajoleurs de gloire, les soute-
neurs de renom, les propagateurs d'effroi.

Au loin, les accapareurs du crédit, les ama-
teurs d'emprunt, les agioteurs de cabinet.

Au loin, les propriétaires de haute volée, les manufacturiers du monopole, les riches d'ancienne date, surtout ceux de nouvelle venue.

Et si-tôt, viennent à souhait, cent millions et plus d'épargnes, en armement, en amortissement; cent millions et plus de rentrées, en foncier et mobilier, en enregistrement et douanes : amenant une décharge pareille sur les tributs du peuple.

Que la nuée soit chassée, qui voile à l'œil une multitude inquiète : c'est assez.

En politique, tout l'art est de voir.

A ce compte, Charles restait roi, sauf quelque fatal hasard ; et Philippe devient roi, sauf quelque miracle propice.

DE L'IMPRIMERIE D'A. PIHAN DE LA FOREST,
Rue des Noyers, n° 37.

LA RÉPUBLIQUE.

Qui de nous dira où la société doit prendre plante, prendre repos?

L'accès mène à la vie ou à la mort : et en cas de vie, sous un autre mode, mais sous quel mode?

La république, peut-être!

Alors la France imiterait la Belgique, experte à ses risques et dépens.

Si la peur lui refuse son roi, du moins qu'on la tolère en république. (*La Belblique , Suite :* janvier 1831.)

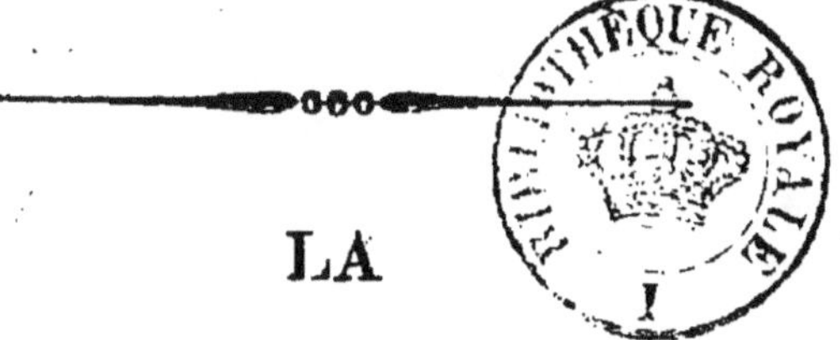

LA CRISE SOCIALE.

Malheureux insensés, vous ressemblez à des passagers qui s'entredéchirent sur un vaisseau, pour quelques voies d'eau, que les uns et les autres veulent boucher à leur manière : dans l'instant même, passagers et vaisseau, tout va s'engloutir dans un gouffre. (M. SERVAN, *avocat-général de Grenoble :* novembre 1789.)

www.ingramcontent.com/pod-product-compliance
Lightning Source LLC
Chambersburg PA
CBHW061132050726
47594CB00005B/2205